Træningstips 1:

Småspil og lege

Af Peter Schmidt

Andre bøger i serien:
Træningstips 2: Løbetræning
Træningstips 3: Opvarmning og almen fysisk træning
Træningstips 4: Koordination, balance og udstrækning
Træningstips 5: Hop, hurtige fødder og øvelser til vippebræt

Tak til Lisette Juul Jensen for at fremføre de rette argumenter på det rette tidspunkt…

Træningstips 1: Småspil og lege

Copyright © 2018 Peter Schmidt
All rights reserved
Forlag: BoD – Books on Demand, København, Danmark
Tryk: BoD – Books on Demand, Norderstedt, Tyskland
Bogen er skrevet med Palatino Linotype
1. udgave, 1. version

ISBN: 9 78874 3002949

Indledning

Lad det være sagt med det samme: Jeg er rundet af håndbolden… Jeg har været håndboldtræner i snart 30 år med enkelte pauser undervejs og jeg har i løbet af de sidste 10 år skrevet fem bøger om håndboldtræning, primært med fokus på træningsøvelser. I alt er det blevet til 2.513 øvelser fordelt på 2.068 sider… Bogprojektet startede tilbage i 2007 med en tanke om, en irritation over, at jeg ikke synes, at jeg på daværende tidspunkt kunne finde litteratur med praktiske øvelser til min håndboldtræning. Masser af teori, ja. Gode kurser fra håndboldforbundet, ja. Men ikke meget, jeg kunne relatere mig til hjemme i hallen, når teori skulle omsættes til praktik. En god ven og trænerkollega sagde til mig, at så måtte jeg jo selv skrive om det… Det tog jeg til mig. Og resten er, som man siger, historie.

Nu skal dette ikke handle om mig som håndboldtræner eller være et reklameindspark for mine tidligere bøger. Nej, jeg nævner det kun fordi, at dette hæfte er født ud af de nævnte håndboldbøger. Bøgerne indeholder ret meget håndboldspecifik træning – i sagens natur – men også en del af mere generel karakter. Almen grundtræning er jo fælles for meget sport. Derfor er dette hæfte et langt stykke hen ad vejen et ekstrakt af de spil og leger, der er med i de fem håndboldtipsbøger. Jeg har medtaget dem, der forekommer "mindst håndboldrelateret"; nogen af dem nænsomt omskrevet. Men helt skjule at jeg har rod i håndboldverdenen, det kan jeg nok ikke. Det håber jeg, at du som læser kan abstrahere fra.

De medtagne spil og lege i dette hæfte er som sagt – forhåbentligt – af "tværsportslig" karakter til almen anvendelse indenfor flere sportsgrene, i idrætsundervisningen og lignende. For nemheds skyld er "de udøvende personer" dog de fleste steder omtalt som spillere. Uagtet at det lige så godt kunne være børn, elever, atleter, kursister m.m. Og den, der leder aktiviteten, er omtalt som "træner", selv om det med rette kunne være instruktør, underviser, lærer m.m. Jeg undskylder på forhånd.

Bemærk, at i hæftet bruger jeg benævnelsen leg og spil i flæng. De fleste lege er jo reelt småspil og visa versa.

Hensigten har været, at indholdet skal fungere som inspirationskilde. Hæftet, ja hele serien "Træningstips" er tænkt som opslagsværk, hvor der kan findes en lang række forskellige øvelser, spil m.m. du kan anvende, som de er beskrevet, eller du kan lave dine egne modifikationer ud fra, så de passer bedre til din målgruppe, eller det du ønsker at få ud af træningen.

Kendetegnende for de fleste spil og lege er, at de kan tilpasses næsten alle niveauer. Med en smule fantasi og behændighed kan man hurtigt ændre i deres opbygning og rammer, så alles muligheder og evner tilgodeses.

Det er op til dig, som træner/instruktør/underviser, at foretage denne tilretning… jeg har bare forsøgt at give dig inspiration til at sætte dine egne tanker i gang. Der findes absolut ingen facitliste, intet "rigtigt" eller "forkert". De enkelte spil og leges længde, scoreline, tider m.m. skal blot tages som vejledende. Det er i sidste ende dig – og kun dig – som træner eller instruktør, der bedst kan vurdere den målgruppe, du arbejder med.

Og modsat de "rigtige spil" (som håndbold, fodbold, volleyball m.m.) er det tilladt at improvisere, udbygge og forandre spillets konditioner og regler undervejs - kun kreativitet og fantasi sætter grænser! Hvert spil, hver leg skal tilpasses de udøvendes evner. Hvis eksempelvis den angivne spilleplads er for stor, men aktørerne i øvrigt har fat i spillets sjæl og metodik, jamen så lav pladsen mindre. På samme måde hvis en spilleplads ikke er udfordrende nok, så lav den større… De fleste spil og lege i dette hæfte kan modereres, tilpasses og formes ud fra målgruppen. Og det skal de.

De steder, hvor der ikke er angivet en bestemt bane eller bestemte mål på "spilleområdet", er det op til den enkelte at definere rammerne ud fra deltagernes niveau, de fysiske forhold m.m.

Hver gang der i en øvelse blot står "en bold" eller "bolde", så dækker dette over en bold, målgruppen kan kaste og gribe; det kan være en plasticbold, en skumbold, en håndbold eller lignende. Jeg tænker, at den, der faciliterer spillet/legen, ved hvilken type bold, målgruppen kan håndtere ... noget bedre end jeg. Hvis det er en specifik bold, for eksempel en fodbold, der skal bruges, så er det angivet under "*Organisering:*".

Jeg har ligeledes taget det for givet, at hvert spil/hver leg styres af en ansvarlig person. Det kan være en træner, en pædagog, en instruktør en... ja, find selv på flere muligheder. Jeg er sikker på at voksne nok løser det selv. Mens børn nok kræver ja, netop en voksen eller en lidt ældre (end dem selv) ung til at styrer begivenhederne. Det er ikke nævnt rundt omkring, men som sagt: Jeg har indlagt det som en forudsætning.

"Kært barn har mange navne" lyder en gammel talemåde. Sådan er det også med mange af de spil og lege, jeg har medtaget i denne bog. Som udgangspunkt har jeg valgt at medtage dem under det navn, jeg kender dem. Der kan derfor være stor sandsynlighed for, at du måske kender en eller flere øvelser under andre navne. Jeg erkender min skyldighed og beder om tilgivelse på forhånd. Det er ikke nødvendigvis en faktuel fejl.

Jeg håber, at du kan finde noget brugbart i hæftet. Jeg har i al beskedenhed gjort mit bedste.

God fornøjelse!

Tjæreby, august 2018
Peter

Leg og småspil sætter fantasien i gang

Ordet "leg" kommer fra det oldnordiske ord *leika*, der betyder at "danse, øve, røre sig".

Leg karakteriseres ved at dække over mange forskellige aktiviteter, der alle har det fællestræk, at der normalt intet formål er udover glæden ved selve aktiviteten (legen). Dog med den lille tilføjelse, at der selvfølgelig hurtig indsniger sig et konkurrenceelement og dermed et ønske om *at vinde*. Og lige i det øjeblik udvikler legen sig ofte til et spil.

Alle elsker at lege og spille – dem, der siger noget andet... de lyver med stor sandsynlighed!

"Vi holder ikke op med at lege, fordi vi bliver gamle – vi bliver gamle, fordi vi holder op med at lege."

Gunnar "Nu" Hansen (1905-1993), sportsjournalist

Indhold

Anvendte signaturer

Kegle

Småspil og lege med bold

1-2-3 spil

Organisering:
4 hold med 3-4 deltagere. Hvert hold skal bruge en bold, der kan kastes imellem dem og en måtte eller tæppe med en størrelse så alle kan stå på den.

Måtten/tæppet er holdets "base". Baserne fordeles i hvert sit hjørne af det område, der spilles på.

Som udgangspunkt spilles på et område på cirka 20 x 20 meter.

Udførelse:
Spillerne tildeles hvert et nummer. I det følgende beskrives ud fra, at der er tre spillere på hvert hold, hvorfor de nummereres fra 1 til 3.

Spillerne løber rundt på banen og afleverer bolden imellem sig i rækkefølge. Spiller 1 til Spiller 2 til Spiller 3 til Spiller 1 og så videre. Ingen spiller på et hold må være nærmere egen "base" end cirka 3 meter. Sker dette, fratrækkes holdet en pointstraf på 1 point.

Når der gives signal fra spilstyreren, skal alle spillere tilbage til deres base, samtidigt med at bolden stadig afleveres imellem dem.

Første hold tilbage på basen tildeles 1 point. Der spilles enten til et hold har 6 point eller flest point på tid. Sæt selv tiden ud fra hvor lang tid, der er til rådighed, dog minimum 5 minutter.

2 x bold

Organisering:
2 hold à 4-6 deltagere på begrænset område. Hvert hold skal have en bold.

Udførelse:
Holdets bold skal kastes rundt i egne rækker – man må ikke gå eller løbe med bolden – den skal kastes videre til en holdkammerat, så snart man får den. Holdkammeraterne skal hele tiden bevæge sig i position, så de kan modtage bolden = hjælpe holdkammeraten med bolden.

Samtidig med at man skal kaste sin egen bold rundt i holdets rækker, så skal man forsøge at få fat i det andet holds bold.

Der scores point, hver gang et hold har erobret modstanderholdets bold; det vil sige er i besiddelse af begge bolde på én gang.

Når pointet er erobret, leveres bolden tilbage til det andet hold, og der spilles om næste point. Holdets egen bold skal hele tiden spilles rundt, holdes i gang, ingen spiller må stå stille med bolden i mere end et par sekunder.

Der spilles til 10 points eller på tid. Sæt selv tiden ud fra hvor lang tid, der er til rådighed, dog maksimalt 8 minutter.

4 x bold

Organisering:
4 hold med 3-4 deltagere på et område på cirka 10 x 10 meter. Gerne lidt større, men helst ikke mindre. Hvert hold skal have en bold.

Udførelse:

Holdets bold skal kastes rundt i egne rækker – man må ikke gå eller løbe med bolden – den skal kastes videre til en holdkammerat, så snart man får den. Holdkammeraterne skal hele tiden bevæge sig i position, så de kan modtage bolden = hjælpe holdkammeraten med bolden.

Samtidig med at man skal kaste sin egen bold rundt i holdets rækker, så skal man forsøge at få fat i det andet holds bold.

Der scores point, hver gang et hold har erobret modstanderholdets bold; det vil sige er i besiddelse af begge bolde på én gang.

Når pointet er erobret, leveres bolden tilbage til det andet hold, og der spilles om næste point. Holdets egen bold skal hele tiden spilles rundt, holdes i gang, ingen spiller må stå stille med bolden i mere end et par sekunder.

Der spilles til 10 points eller på tid. Sæt selv tiden ud fra hvor lang tid, der er til rådighed, dog maksimalt 10 minutter.

Alle mod alle

Organisering:

10-12 deltagere med en bold på begrænset bane – eksempelvis volley-ball- eller tennisbane.

Udførelse:

Der vindes 1 point, hvis en spiller berører en anden spiller med bolden; der tabes 1 point hvis en spiller bliver berørt af en anden spiller, mens hun har bolden.

Bolden skal afleveres rundt blandt spillerne – man må ikke gå eller løbe med bolden, kun tage et par skridt mod en anden spiller, hvis man vil

forsøge at berører hende. Bolden må ikke holdes mere end et par se-
kunder, hvis man ikke kan eller vil forsøge at berører en anden spiller.

Alle spillere har 6 points fra start. Der spilles til en spiller har mistet alle
sine points, eller en spiller har vundet 6 points og i alt har 12. Går det
for stærkt, kan øvelsen køres et par omgange.

Der er en risiko for, at alle løber forvirret rundt uden at komme nogen
vegne. Er det tilfældet, kan der indlægges alliancer mellem 2-3 spillere,
der får besked på at arbejde sammen – uden at de andre ved noget om
det. Det skal nok sætte liv i spillet.

Bold i hulahopring

Organisering:
8 deltagere. Der skal bruges 6 hulahopringe og en bold.

6 hulahopringe lægges tilfældigt udover det område, der spilles på
(ikke for stort – og ikke for småt). Afstanden mellem dem skal være, så
en spiller ikke kan stå med en fod i to ringe på samme tid. Deltagerne
deles i to hold med hver fire spillere.

Udførelse:
Det ene hold starter med bolden. De skal spille den rundt i egne rækker
og forsøge at lægge bolden i en hulahopring, hvor der ikke står en spil-
ler fra det andet hold. Der må ikke løbes eller gås rundt med bolden.
En spiller må maksimalt tage et langt skridt med bolden ind i en hula-
hopring.

Hvis en spiller fra det andet hold når at sætte en fod i en hulahopring,
må der ikke scores i den. Bolden skal straks spilles videre og der skal
forsøges scoring i en ny ring. Der må ikke scores i samme hulahopring
to gang i træk. En spiller fra holdet uden bold må ikke "blive stående"

og vente i en ring, men skal bevæge sig videre, når en eventuel scoring er forhindret.

Der spilles enten fire omgange af 2 minutter (holdene skiftes til at have bolden i hver 2 omgange), eller på forud aftalt tid. Holdet med flest point vinder.

Boldfanger

Organisering:
5-6 deltagere med en bold på en badmintonbane.

Udførelse:
Den spiller, der har bolden, skal berøre en spiller uden bold med bolden. I princippet spiller alle mod alle, men alligevel kræves en vis form for samarbejde, da spillerne hele tiden skal bestræbe sig på at aflevere bolden til en spiller, der er i en position, så hun har mulighed for at berøre en anden spiller.

Man må tage et par skridt med bolden, men ellers ikke bevæge sig rundt med den.

Man tæller antal berøringer, der opnås på den aftalte spilletid.

Variation:
- Når man berøres med bolden skal man sætte sig ned. Man bliver befriet, når den spiller, der berørte vedkommende, bliver berørt og "dør".
- Spillerne, der berøres, går ud efterhånden som de "dør". Indtil der kun er én tilbage på banen…

Boldhelle

Organisering:
12-15 deltagere med to bolde på et område på 20 x 20 meter.
Området kan formindskes/forøges efter behov.

Udførelse:
Der vælges 2-3 fangere, der hver får en overtrækstrøje eller lignende i hånden, så de kan kendes fra de øvrige spillere.

Fangerne skal forsøge at berøre en af de andre spillere. Ved berøring bliver den berørte spiller ny fanger og fangeren en af de jagede. En spiller har "helle" og kan således ikke fanges, når hun har en bold. Det gælder derfor for de jagede om hele tiden at spille boldene rundt og sørge for at aflevere til en, der risikerer at blive fanget.

Det er tilladt at tage et par skridt med bolden, men ellers må man ikke bevæge sig rundt med den. Man må maksimalt stå med en bold i hånden i 5 sekunder. Bolden må ikke afleveres retur til den spiller, man fik den fra; 2 spillere kan derfor ikke stå i et hjørne og spille sammen.

Øvelsen gennemføres på tid.

Boldjagt med personlig opdækker

Organisering:
2 hold à 4-6 deltagere med en bold på et område på 20 x 20 meter.
Området kan formindskes/forøges efter behov.

Udførelse:
Inden spillet starter, skal de to hold gå hver til sit og aftale, hvilken spiller på det modsatte hold de hver især skal forhindre i at få bolden; det vil sige følge tæt, nærmest mandsopdække, når modstanderholdet er i boldbesiddelse.

Det ene hold ("angrebsholdet") starter med bolden og skal spille den rundt i egne rækker, indtil det andet hold ("forsvarsholdet") erobrer den.

For "forsvarsholdet" gælder, at hvis den spiller, man skulle dække op, får bolden 3 gange, uden at bolden har været erobret af "forsvarsholdet", skal den spiller, der var ansvarlig for at forhindre hende i at få den, straks gå ud af spillet og tage 5 armstræk. Hendes "angrebsspiller" følger med ud (og er derfor i en kort periode ude af spillet).
Hvis den direkte spiller når yderligere 3 berøringer inden "forsvarsholdet" har erobret bolden, dobles straffen op – og så fremdeles.

Status som "forsvarshold" og "angrebshold" skifter ved bolderobring (både direkte eller ved at presse "angrebsholdet" til at lave fejl) eller hvis det ene hold magter at holde bolden i egne rækker i 2 minutter. Antal boldberøringer nulstilles, når status skifter. Der må kun tages et par skridt med bolden – man må ikke bevæge sig rundt med den. Bolden må ikke afleveres retur til den spiller, man fik den fra.

Øvelsen gennemføres på tid.

Boldtyv

Organisering:
Maksimalt 10 spillere tager opstilling i målfeltet. Der skal bruges en bold mindre end der er spillere.

Udførelse:
Boldene lægges tilfældigt rundt omkring på gulvet i målfeltet. Spillerne skal løbe rundt blandt boldene i feltet. Når træneren fløjter skal spillerne samle en bold op fra gulvet. Den spiller, der ikke når at få en bold, går ud af spillet og skal jogge på tværs af banen – fra sidelinje til sidelinje – omkring banens midterlinje – indtil øvelsen er slut.

For hver runde tages 1 bold ud, således at der hele tiden er 1 bold mindre, end der er spillere.

Den klassiske

Organisering:
2 hold med 5-6 deltagere på afgrænset bane (eksempelvis basketball- eller volleyballbane). Der skal bruges en bold.

Udførelse:
Der spilles til scoring ved at lægge bolden bag modstanderholdets baglinje. Der spilles uden fysisk kontakt, og der må kun tages et par skridt med bolden.

Bolden overgår ved scoring, hvis den tabes, smides ud af banen eller hvis holdet uden bold får fat i den.

Der spilles på tid, og det hold med flest scoringer vinder. Alternativt kan der spilles til et fast aftalt antal scoringer.

Den klassiske – variation

Organisering:
2 hold med 5-6 deltagere på afgrænset bane (eksempelvis basketball- eller volleyballbane). Der skal bruges en bold.

Udførelse:
Der spilles til scoring ved at lægge bolden bag modstanderholdets baglinje. Men holdene har ikke en fast baglinje at forsvare.

Hvis eksempelvis hold A starter med bolden og scorer ved at lægge bolden bag hold B's baglinje, så beholder de bolden og angriber straks den anden vej. Det vil sige hold B skal omstille sig og forsvare den anden ende af banen – målet bliver flydende. Der angribes simpelthen den anden vej med det samme.

Kun når spillet starter, er det aftalt, hvilken ende det enkelte hold skal score i/forsvare.

Der spilles uden fysisk kontakt, og der må kun tages et par skridt med bolden.

Bolden overgår ved scoring, hvis den tabes, smides ud af banen eller hvis holdet uden bold får fat i den.

Der spilles på tid, og det hold med flest scoringer vinder. Alternativt kan der spilles til et fast aftalt antal scoringer.

Fang spilleren med bolden – 1

Organisering:
2 hold med hver 4-6 deltagere på begrænset bane, eksempelvis volleyballbane, basketballbane eller lignende. Der skal bruges en bold.

Udførelse:
Det ene hold har bolden. De skal kaste bolden rundt imellem dem. Spillerne på det andet hold – holdet uden bold – skal forsøge at berøre den spiller på boldbesiddende hold, der har bolden.

Spilleren med bold må kun tage et par skridt med bolden, ikke bevæge sig rundt med den. Bolden må ikke kastes direkte tilbage til den spiller, man fik den fra.

Der spilles 4 omgange på tid. Hvert hold er boldbesiddende 2 omgange og uden bold 2 omgange. Antal berøringer opsummeres undervejs og det hold, der har haft flest berøringer af boldholder undervejs, vinder spillet.

Variation:
Hver gang et hold berører boldbesiddende spiller på det andet hold, skal der tælles højt. Der spilles til 10 point, bedst af 5.

Fang spilleren med bolden – 2

Organisering:
2 hold med hver 4-6 deltagere på begrænset bane, eksempelvis volley-ballbane, basketballbane eller lignende. Der skal bruges en bold.

Udførelse:
Det ene hold starter med bolden. De skal kaste bolden rundt i mellem dem.

Holdet med bold scorer point, hver gang bolden har været spillet rundt til alle på holdet, uden at det andet hold har berørt en boldbesiddende spiller undervejs.

Spillerne med bold må kun tage et par skridt med bolden, ikke bevæge sig rundt med den. Bolden må ikke kastes direkte tilbage til den spiller, man fik den fra.

Der spilles til 10 point.

Hver gang bolden skifter mellem holdene, beholdes allerede opnåede point. Bolden kan skifte ved erobring, hvis holdet uden bold berører en boldholder før alle på holdet har haft den – det vil sige før boldbesiddende hold har scoret point - eller hvis boldbesiddende hold laver en fejl (kommer uden for banen eller lignende).

Feltbold – 1

Organisering:
2 hold à 4 spillere på badmintonbane. Der skal bruges en bold. Der skal være en spiller fra hvert hold i hvert servefelt på badmintonbanen.

Udførelse:
Det ene hold starter med bolden.
Holdet scorer point, når bolden har været spillet rundt til spilleren fra holdet i alle 4 serverfelter, uden at modstanderne har haft bolden.

Man må gerne bevæge 5 skridt med bolden. Spillerne må – som i basketball – ikke rører hinanden.

Bolden overgår til det andet hold ved erobring, ved fejl, eller når der er scoret point – det vil sige, at intet hold kan score flere points i træk.

Der spilles til 10 point.

Feltbold – 2

Organisering:
2 hold à 4 spillere på badmintonbane. Der skal bruges en bold. Der skal være en spiller fra hvert hold i hvert servefelt på badmintonbanen.

Udførelse:
Det ene hold starter med bolden.
Holdet scorer point, når bolden har været spillet rundt til en spiller fra holdet 5 gange, uden at modstanderne har haft bolden.

Man må gerne bevæge 5 skridt med bolden. Spillerne må – som i basketball – ikke rører hinanden.

Bolden må ikke kastes tilbage til den spiller, man har modtaget den fra.

Bolden overgår til det andet hold ved erobring, ved fejl, eller når der er scoret point – det vil sige intet hold kan ikke score flere points i træk.

Der spilles til 10 point.

Fodboldjagt

Organisering:
2 hold à 6-8 spillere på halv håndboldbane. Der skal bruges 1 fodbold og 2 håndbolde.

Udførelse:
Det ene hold (hold A) starter med fodbolden. Det andet hold (hold B) starter med håndboldene.

Hold A skal spille fodbolden rundt i egne rækker (med fødderne), mens hold B skal spille håndboldene rundt (med hænderne). Det gælder om for hold B at ramme fodbolden med en håndbold, hold A skal selvfølgelig forsøge at forhindre dette ved at spille fodbolden væk fra håndboldene.

Spillerne med håndboldene må maksimalt tage 5 skridt med bolden.

Der spilles 2 omgange på 4 minutter, således at hvert hold har fodbolden respektive håndboldene i hver en omgang. Det hold, der har flest træffere på fodbolden, har vundet.

Først til 6 med løbetur

Organisering:
6-12 spillere på en halv håndboldbane. Der skal bruges en kegle og en bold. Der kan bruges både en håndbold og en fodbold. Bruges der en

håndbold, skal bolden kastes rundt. Bruges der en fodbold, skal den spilles med indersidespark.

Keglen stilles ved midterlinjen. Spillerne deles i 2 hold, der spilles indenfor 3M-feltet i den ene baneende.

Udførelse:
Det ene hold starter med bolden. Holdet skal aflevere bolden rundt i egne rækker, uden at modstanderholdet erobrer bolden eller fremtvinger en fejl. Hvis holdet afleverer bolden rundt seks gange, får holdet et point og bolden overgår til det andet hold.

Det er nu deres tur til at forsøge at aflevere bolden rundt seks gange.

Når et hold mister bolden, eller laver en fejl, overgår bolden til det andet hold, og antal afleveringer nulstilles.

Afleveres der retur til den spiller, man netop har fået bolden fra, tæller det ikke som en aflevering; medmindre man kun er 3 spillere på hvert hold, for så bliver det for svært uden returafleveringer.

Hver gang en spiller mister bolden, skal hun løbe rundt om keglen på midterlinjen, inden hun må deltage i spillet igen.

Der spilles bedst af 5, det vil sige det hold, der først scorer 3 point (har spillet bolden rundt seks gange i egne rækker tre gange) har vundet kampen.

Variation:
- Spil med flere eller færre afleveringer, hvis sværhedsgraden skal reguleres
- I stedet for at løbe op til keglen, kan spilleren, der mister bolden, tage et antal armstræk eller lignende

18: Harejagt – 1

Organisering:
10-15 deltagere på et passende område (ikke for småt og ikke for stort).
Der skal bruges 1-2 bolde.

Udførelse:
Der vælges en hare – resten er jagthunde. Jagthundene skal fange haren
ved at berøre hende med en bold.

Der må maksimalt tages 3 skridt med bolden, når man skal forsøge at
rører haren med bolden; ellers ingen skridt! Der må ikke løbes med bol-
den og den skal spilles videre efter 3 sekunder – ikke noget med at stå
at vente…

Ved berøring vælges en ny hare – spillet kører til alle har været hare.
Går det for stærkt, køres flere omgange.

Harejagt – 2

Organisering:
8-12 deltagere, placeret i en stor rundkreds med ryggen til centrum. Der
skal bruges 5-8 bolde, der placeres i rundkredsens midte.

Udførelse:
Træneren nævner en spiller ved navn – jægeren – der hurtigt skal vende
sig og tage en bold fra "depotet" i rundkredsens midte og forsøge at
ramme en af de andre spillere, harerne, der selvfølgelig skynder sig
væk …

Rammes haren, skal hun løbe en omgang rundt om rundkredsen, inden
hun returnerer til sin plads. Griber haren bolden, eller rammer jægeren
ved siden af sit mål, skal jægeren til gengæld løbe omgangen…

Hele vejen rundt...

Organisering:
Minimum 6-7 deltagere. Der skal bruges en bold.

Fem-seks spillere stiller sig i en rundkreds med ½-1 meters mellemrum (jo længere afstand, jo sværere øvelse).

En spiller i kredsen starter med en bold.

Den sidste spiller starter udenfor kredsen ud for spilleren med bold.

Udførelse:
Spillerne i kredsen afleverer bolden kredsen rundt – spilleren udenfor skal nå at løbe hele vejen rundt inden bolden kommer tilbage hos den spiller, der startede med bolden.

Øvelsen gennemføres til alle har løbet 2-3 gange.

Variation:
Variér mellem at lade den løbende spiller løbe med og mod boldens retning.

Hulahopspil

Organisering:
2 hold med 5 deltagere på en halv håndboldbane eller anden passende område på cirka 20 x 20 meter. Der skal bruges en bold og 6 hulahop-ringe

Udførelse:
De 6 hulahopringe fordeles med 3 i hver ende af spilleområdet. Hvert hold har 3 ringe at forsvare og skal score i det andet holds 3 ringe.

Der scores ved at lægge bolden i en af modstandernes hulahopringe.

Der må tages 3 skridt med bolden. Kropskontakt er ikke tilladt. Hvis der skubbes fratrækkes holdet et point. Man må *ikke* stå i en hulahopring for at forhindre scoring – eller for at kunne modtage den og dermed let score…

Der spilles enten på tid eller til et forud fastsat antal point.

Høvdingebold

Organisering:
2 hold med hver 8-10 spillere. Der skal bruges en skumbold. Der spilles på en volleyballbane, der opdeles i fire felter med keglemarkering; to store midterfelter og to mindre endefelter, hvor høvdingene er placeret.

Udførelse:
Før spillet starter, vælger hvert hold en høvding, der tager plads i endefeltet på modstandernes banehalvdel.

Bolden gives op på midten af træneren. Det gælder om at få fat i bolden og ramme en modstander i midterfeltet med den. Når en spiller er ramt, er hun ude og skal gå ned i endefeltet til sin høvding.

Hvis en bold gribes, inden den rammer gulvet, er kasteren ude.

Der må kun tages 3 skridt med bolden.

Høvdingens job er at fange de forbipasserende bolde - de bolde, der ikke rammer en modstander og passerer gennem disses midterfelt - og forsøge at ramme en modstander med den.

Hvis en høvding rammer en modstander, går en af hendes egne spillere i spil igen (i den rækkefølge de er gået ud – første spiller ude = første spiller inde igen).

Høvdingen kan ikke rammes, når hun er i endefeltet.

Når den sidste spiller i midterfeltet fra holdet er ude, går høvdingen ind i midterfeltet og spillet fortsætter til høvdingen er ramt. Nu kan hun ikke længere befri sine egne ved at ramme en modstander, kun forsøge at få ram på så mange modstandere som muligt. Man kan derfor godt forestille sig en situation, hvor spillet slutter med en duel mellem de to høvdinge.

Høvdingebold – variation 1

Organisering:
2 hold med hver 5 spillere. Der skal bruges 1 skumbold. Der spilles på en volleyballbane. Midterzonen markeres med kegler og må ikke betrædes. Lander bolden i dette felt, må den hentes af det hold, der er nærmest.

Spillerne skal være i de to serverfelter sammen med modstanderholdets høvding.

Udførelse:
Før spillet starter vælger hvert hold en høvding, der placerer sig sammen med modstanderholdet.

Det ene hold starter med bolden (efter lodtrækning).

Der må kun tages 3 skridt med bolden.

Det gælder om at ramme en modstander med bolden, enten direkte fra egen zone eller ved at aflevere til høvdingen i modstandernes zone, der så kan forsøge at ramme en modstander (på noget tættere hold).

Der må ikke kastes efter høvdingen, kun efter de fire andre spillere.

Høvdingen tæller points undervejs. Hver spiller ramt af en af de fire i egen zone giver 1 point, mens en spiller ramt af høvdingen giver 2 points. Hvis bolden gribes af en modstander, fratrækkes 1 point.

Der spilles på forud aftalt tid. Holdet med flest points vinder.

Høvdingebold – variation 2

Organisering:
2 hold med hver 5 spillere. Der skal bruges en bold. Der spilles på en volleyballbane. Midterzonen markeres med kegler og må ikke betrædes. Lander bolden i dette felt, må den hentes af det hold, der er nærmest.

Udførelse:
2 spillere fra hvert hold placeres i det ene felt servefelt, resten i det andet servefelt.

Der må kun tages 3 skridt med bolden.
Der scores ved at aflevere til en medspiller på modsatte banehalvdel. Der må gerne spilles samme mellem spillerne på samme banehalvdel, men det tæller ikke som point. Efter 3 afleveringer skal der forsøges afleveret til medspiller i modsatte zone.

Ingen fysisk kontakt mellem spillerne på de 2 hold. Ved regelbrud overgår bolden til det andet hold.

Der spilles på forud aftalt tid. Holdet med flest points vinder.

Indkast

Organisering:
2 hold à 4-6 spillere på begrænset bane, eksempelvis basket- eller volleyballbane. Der skal bruges en bold.

Udførelse:
Der scores point ved at lægge bolden på én af sidelinjerne. Bolden må kun afleveres med begge hænder over hovedet (som et indkast i fodbold). Bolden skifter ved scoring, det vil sige intet hold kan score 2 points i træk.

Der må ikke tages skridt med bolden. Bolden skal spilles videre efter 3 sekunder.

Det hold, der først får 15 points, vinder spillet.

Ingenmandsland

Organisering:
1 hold med 4 spillere og 1 hold med 3 spillere på volleyballbane. Der skal bruges en bold. Et midterfelt markeres med kegler.

Udførelse:
Spillerne tager opstilling med 2 spillere fra boldbesiddende hold i hvert servefelt på volleyballbanen, de 3 andre i ingenmandsland (midterfeltet markeret med kegler).

Spillerne med bolden skal kaste bolden fra ende til ende, uden at spillerne i midterzonen får fat i bolden. Der skal med andre ord spilles uden om minerne i ingenmandsland.

Bolden må maksimalt spilles med 3 afleveringer mellem de to spillere i samme ende, før der skal forsøges aflevering til en spiller i den anden ende.

Der må ikke tages skridt med bolden.

Hvis en spiller i ingenmandsland erobrer bolden, bytter hun med den spiller, der afleverede den.

Hvis boldbesiddende hold laver en fejl (tager skridt, kaster bolden ud af banen eller lignende), bytter den spiller, der sidst havde bolden, med den spiller, der har været længst i ingenmandsland.

Der spilles på forud aftalt tid.

Jokermål

Organisering:
2 hold à 4-6 spillere og 2 Jokere (levende mål) på begrænset bane, eksempelvis basket- eller volleyballbane. Der skal bruges en bold.

Udførelse:
Jokerne skal tydeligt markeres med en overtrækstrøje eller lignende. Der scores point ved at spille bolden til en Joker og modtage den retur fra hende.

Der må ikke scores hos samme Joker 2 gange i træk.

Der må ikke tages skridt og der må ikke være fysisk kontakt mellem spillerne. Bolden må ikke afleveres direkte tilbage til den spiller, som man fik den fra (kun hvis det er jokeren).

Bolden overgår til det andet hold ved fejl, bolderobring, eller hvis det ikke lykkes en joker at aflevere tilbage til den spiller, hun fik bolden fra (mislykket scoringsforsøg).

Der spilles til ét hold har scoret 10 points i træk. Points nulstilles, hvis holdet mister bolden, før de 10 point er scoret. Hvis et hold eksempelvis har scoret 8 points og laver en teknisk fejl, starter de på 0 næste gang de får bolden.

Kaosbold

Organisering:
Så mange hold som muligt à 3-4 deltagere – der skal minimum være 4 hold. Hvert hold skal bruge en bold. Der spilles på begrænset bane; jo flere hold, jo større bane.

Udførelse:
Hvert hold skal holde bolden i gang ved at løbe rundt blandt alle de andre hold, der også spiller deres bold rundt, og aflevere til hinanden.

Opgaven er altså at holde bolde i gang uden at tabe den i kaos'et af spillere, der løber rundt, uden at stå stille undervejs - alle spillere skal være i bevægelse hele tiden. Tabes bolden, skal alle spillere på holdet *straks* lægge sig på gulvet, hvor de er og tage et antal forud aftalte armstræk.

Der må ikke tages skridt med bolden.

Der spilles på forud aftalt tid.

Variation
- Der må ikke snakkes undervejs (total tavshed i hallen)
- Bolden må ikke afleveres tilbage til den spiller, man fik den fra

Keglebold – 1

Organisering:
2 hold med 4-5 deltagere på hver på en badmintonbane. Der skal bruges en bold og 6 kegler. Der opstilles 3 kegler bag hver baglinje.

Udførelse:
Hvert hold skal forsøge at score 15 points. Der kan scores points på to måder:
- enten ved at spille sig frem til at kunne lægge bolden bag modstandernes baglinje, hvilket giver 1 point
- eller ved at berøre en modstanders kegle med bolden, hvorefter keglen skal transporteres tilbage til egen baglinje. Lykkes det at stjæle en kegle og få den sikkert med hjem, giver det 5 points

Specielt omkring det at stjæle en modstanders kegle gælder, at man kun må forsøge at stjæle én kegle ad gangen – det vil sige, først når den stjålne kegle er sikkert hjemme bag egen baglinje må holdet forsøge at stjæle den næste. Så snart en spiller har berørt en kegle med bolden, skal hun straks give bolden til det andet hold og spurte hjem til egen baglinje med keglen. Lykkes det, giver det som sagt 5 points, men hvis det hold hun stjæler fra, når at berøre hende med bolden inden keglen er stillet bag egen baglinje, så får holdet 2 points + keglen retur.

Hvis et hold scorer ved at lægge bolden bag modstanderholdets baglinje, så får det andet hold bolden.

Der må kun tages 3 skridt med bolden.

Variation:
Man kan kun score ved at stjæle kegler.

Keglebold – 2

Organisering
4 hold med hver 4-5 spillere på halv håndboldbane. Hvert hold har en bold. Hvert hold skal bruge 5 kegler, der opstilles langs den ene side-linje (holdene tildeles én hver).

Udførelse:
Hvert hold skal spille deres egen bold rundt imellem sig – der må kun tages 3 skridt med bolden. Det gælder om at skyde de andre holds kegler ned, så de vælter. Når en kegle er væltet, skal den stilles på den linje, hvor holdets egne kegler står. Den spiller, som kastede bolden, der væltede keglen, skal flytte keglen til egen linje og er ikke med i spillet, så længe hun flytter keglen. De andre på holdet spiller videre.

Man skal mindst være 2 meter fra en kegle for at forsøge at vælte den; forsøg mod en kegle tættere på end 2 meter tæller ikke.

Det hold, der først har samlet 5 kegler – og altså har 10 stående på egen linje – har vundet. Hvis et hold mister alle sine kegler, inden en vinder er fundet, udgår holdet.

Kongebold – 1

Organisering:
10 spillere på halv håndboldbane eller anden passende spilleplads. Der skal bruges 6 bolde. Der vælges 2 spillere, der skal starte som fangere; de øvrige bliver bytte.

Udførelse:
De 8 spillere, der er bytte, har 6 bolde, som de skal spille rundt i mellem sig. Der må ikke tages skridt og bolden må maksimalt holdes 3 sekunder.

De 2 fangere skal forsøge at fange en spiller – af de 8 – der i momentet ikke har nogen bold. Spillerne med bolde skal hele tiden forsøge at spille bolden til en spiller, der er i fare for at blive fanget. Når en fanger berører en spiller uden bold, byttes rolle, således at den berørte bliver fanger og fangeren en del af bytteholdet.

Der spilles på forud aftalt tid.

Kongebold – 2

Organisering:
10 spillere på halv håndboldbane eller anden passende spilleplads. Der skal bruges 5 bolde. Der vælges 2 spillere, der skal starte som fangere; de øvrige bliver bytte.

Udførelse:
De 8 spillere, der er bytte, har 5 bolde, som de skal spille rundt i mellem sig. Der må ikke tages skridt og bolden må maksimalt holdes 3 sekunder.

De 2 fangere skal forsøge at fange en spiller – af de 8 – der er i boldbesiddelse. Spillerne uden bolde skal hele tiden forsøge at løbe i position for en spiller med bold, således at hende med bolden har en reel mulighed for at redde sig, hvis hun er jaget.

Hvis en spiller med bold blot smider den "planløst" fra sig, når en jæger nærmer sig - sender en adresseløs aflevering af sted i panik – bliver hun automatisk ny fanger og bytter med hende, der har været fanger længst. Der skal helst opstå en fælles forståelse og vilje til at hjælpe hinanden hos de jagede spillere.

Når en fanger berører en spiller med bold, byttes rolle, således at den berørte bliver fanger og fangeren en del af bytteholdet.
Der spilles på forud aftalt tid.

Levende mål – 1

Organisering:
To hold med hver 4 spillere på begrænset bane, eksempelvis basket-eller badmintonbane. Der skal bruges 2 springstænger, et kosteskaft eller andre stænger af passende længde og en bold.

Udførelse:
Det ene hold deles i 2 par, der hver holder en stang imellem sig. Stængerne skal holdes i samme afstand fra gulvet under hele spillet – cirka i hoftehøjde – og stangbærerne må ikke forsøge at forhindre scoring på anden måde, end ved at bevæge sig rundt på banen.

Det andet hold skal forsøge at score point ved at studse bolden under en stang, hvilket spillerne med stængerne selvfølgelig skal forsøge at forhindre ved hele tiden at flytte målet. Scoringen tæller kun hvis bolden gribes igen efter studset.

Der spilles 4 omgange til 10 scoringer. For hver omgang skifter holdene mellem at have bolden og stængerne – det vil sige at hvert hold skal forsøge scoring 2 omgange og skal have stængerne 2 omgange (skifte-vis).

Levende mål – 2

Organisering:
To hold med hver 5-6 spillere på begrænset bane, eksempelvis basket-eller volleyballbane. Der skal bruges en bold.

Udførelse:
Det hold, der starter med bolden, skal spille den rundt i egne rækker. Holdet scorer points ved at studse bolden mellem benene på en med-spiller. Scoringen tæller kun hvis bolden gribes igen efter studset. Der må ikke afleveres tilbage til den spiller man fik bolden fra, hvorfor der

ikke kan scores igen ved at studse tilbage til den spiller, man fik den fra. Det andet hold skal forsøge at få fat i bolden – ingen kropskontakt er tilladt.

Spillet kører til et hold har scoret 10 point i træk – points nulstilles, når bolden overgår til det andet hold, enten fordi den er erobret eller fordi boldbesiddende hold har begået en fejl (smidt den uden for banen eller tabt den m.m.)

Mixspil

Organisering:
2 hold med hver 4 spillere på en lille bane (badminton-, volleyballbane eller lignende). Der skal bruges en bold, der også må sparkes til og 4 kegler.

Udførelse:
2 kegler stilles på hver baglinje med cirka 1½ meters mellemrum. Det er forbudt at stille sig mellem keglerne.

Der scores ved at spille bolden mellem keglerne.

På den ene banehalvdel spilles fodbold, på den anden håndbold. Det vil sige, at når bolden passerer midterlinjen, skal den enten tages op eller lægges på gulvet, inden spillet kan fortsætte.

Inden spillet starter, bestemmes, hvilken banehalvdel, der skal spilles fodbold på, og hvilken der skal spilles håndbold på. På signal fra træneren skifter de to halvdele – hvilket spillerne skal reagere opmærksomt på. Lægges bolden ikke, når der gives signal til at skifte mellem eksempelvis håndbold- og fodboldspil, overgår bolden til det andet hold.

Der spilles enten på tid eller til et bestemt antal scoringer.

Moster Rikkes Kortjagt

Organisering:
4 hold med hver 3 eller 4 spillere på en håndboldbane. Der skal bruges et sæt almindelige spillekort og 4 kegler.

Fire kegler stilles i det ene målfelt. Hvert hold tager opstilling bag en kegle. Den forreste spiller i hver række skal have en bold. Spillekortene fordeles på gulvet i det modsatte målfelt med billedsiden nedad. Holdene tildeles hver sin kortrække: Ruder, Spar, Hjerter eller Klør

Udførelse:
Spillerne skal hente kortene i "deres" kortrække tilbage til keglen (2-3-4-5-6-7-8-9-10-knægt-dame-konge-es) – rækkefølgen er ligegyldig, blot alle tretten kort samles og lægges under holdets kegle.

Hver spiller løber efter tur fra holdets kegle op og vender et kort i modsatte målfelt. Er kortet rigtigt, tager spilleren det med tilbage til holdets kegle. Er det kort, der vendes, forkert (eksempelvis en Ruder, hvis holdet skal hente Klør) vendes det om med billedsiden nedad igen og spilleren løber tomhændet retur. Det gælder derfor, udover at løbe stærkt, også om at kunne huske hvilke kort, der ikke skal vendes igen.

Det hold, der først samler alle tretten kort, har vundet dysten.
Eventuelt kan man lave den på forud aftalt tid – træneren sætter en alarm, så spillerne ikke ved hvor lang tid – og det hold med flest kort hjemme under deres kegle, når alarmen lyder, har vundet.

Pladebold

Organisering:
2 hold med hver 5 spillere på basketballbane. Der skal bruges en bold.

Udførelse:
Der må kun tages 3 skridt med bolden, og der spilles uden kropskon-takt, som i rigtig basket. Bolden skal spilles til scoring ved at én spiller kaster bolden op på pladen bag modstandernes basketkurv og en an-den spiller på holdet griber bolden igen. Hvis bolden ikke gribes eller gribes igen af den kastende spiller, så tæller det ikke som scoring. Ved scoring overgår bolden ikke til det andet hold. Der kan således scores flere gange i træk af samme hold.

Variation:
Bolden overgår til det andet hold ved scoring.

Der spilles enten på forud aftalt tid eller til et forud aftalt antal scorin-ger.

Prik hende med bolden

Organisering:
10 spillere og to bolde.

Otte spillere stiller sig i en "flad cirkel". Der skal være ½-1 meter mel-lem dem (jo længere afstand, jo sværere øvelse). To spillere starter med en bold hver.

To spillere starter udenfor firkanten. De bestemmer selv hvor.

Udførelse:
Spillerne i kredsen afleverer bolden i mellem sig – der må afleveres på kryds og tværs, dog aldrig tilbage til den spiller, man fik bolden fra.

De to spillere udenfor kredsen skal forsøge at nå at prikke til en spiller, der er i boldbesiddelse, hvorefter de bytter.

Hvis to spillere i kredsen afleverer til den samme spiller, så hun får begge bolde, så bytter de to, der afleverede uden at orientere sig, med de to udenfor. Man skal derfor være opmærksom og ikke "bare" smide bolden væk, som var den brandvarm, for at undgå at blive prikket…

Øvelsen gennemføres på forud aftalt tid.

Variation:
Hvis der er færre spillere – eksempelvis 6-8 spillere, så kan man nøjes med én der skal prikke. Afstanden mellem hver spiller i cirklen sættes ned til cirka ½ meter.

Prik din makker

Organisering:
Spillerne skal arbejde sammen parvis. Legen gennemføres på begrænset område; størrelsen afhænger af antal spillere. Der skal være plads til at de kan bevæge sig lidt, uden at genere de andre par.

Spillerne fordeler sig parvis på banen.

Øvelsens forløb:
Spillerne skal – i al sin enkelthed – forsøge at prikke makkeren på angivet sted, uden at blive prikket selv.

Der skal prikkes på makkerens

- Bagdel
- Mave
- Hoved (oven på)
- Højre knæ
- Venstre knæ
- Højre skulder foran
- Venstre skulder foran

- Højre skulder bagpå
- Venstre skulder bagpå
- Højre overarm
- Venstre overarm

Alle "steder" behøves ikke medtages hver gang; der kan sagtens vælges færre. Blot spillerne er klar over hvor. Træneren kan eventuelt sige, hvor der skal prikkes med et passende interval, hvis spillerne har svært ved at huske det undervejs.

Øvelsen kan gennemføres, enten så begge spillere forsøger at prikke samtidig – eller den ene skal prikke, den anden undvige (på afgrænset område). Enten gennemføres på tid – hvor mange "rigtige prik" inden tiden løber ud? Eller hvis begge prikker samtidig, hvem prikker alle steder på makkeren først?

Ram halen

Organisering:
2 hold med 4 spillere. Der skal bruges en bold.

Udførelse:
4 spillere tager opstilling, så de udgør hjørnerne i et kvadrat på cirka 5 x 5 meter.

4 spillere danner en række inde midt i kvadratet, ved at spillerne tager fat i hinandens skuldre. Den forreste spiller i rækken er "hovedet", den bagerste "halen".

Spillerne i kvadratets hjørner kaster bolden rundt til hinanden og skal forsøge at få afleveret til en spiller, der kan ramme midterrækkens "hale" (den sidste spiller).

Spillerne i midten skal – uden at give slip i hinandens skuldre – dreje rundt og forhindre de sorte spillere i at ramme "halen".

Alternativt til at holde på skuldrene kan spillerne i midten holde på hinandens hofter.

Der spilles på forud aftalt tid. Der skal spilles 8 runder, så begge holds spillere alle får lov at være "hale". Der opsummeres undervejs, hvor mange gange en "hale" er blevet ramt. Holdet, der har ramt flest "haler" vinder.

Rør keglen

Organisering:
2 hold med hver 4-5 spillere på begrænset bane. Der skal bruges en bold og et antal kegler, 2 mere end der er spillere på hvert hold. Det vil sige eksempelvis 6 kegler, hvis der er 4 spillere på hvert hold.

Udførelse:
Keglerne stilles vilkårligt rundt omkring på banen. Det hold, der er i boldbesiddelse, skal score point ved at berøre en kegletop med bolden. Der må kun tages 3 skridt med bolden.

Der spilles til et hold har scoret 10 points i træk. Hvis bolden overgår til det andet hold (ved bolderobring, fejl eller lignende) nulstilles antal points og holdet starter fra 0 næste gang, det får bolden. Der spilles uden kropskontakt, det vil sige uden tacklinger.

Sammenholdsbold

Organisering:
2 hold med hver 6 eller 8 spillere på begrænset bane. Der skal bruges en bold og et antal snore, sjippetove eller lignende, svarende til antal par på hvert hold.

Udførelse:
Spillerne på holdet er bundet sammen i par med en snor eller et sjippetov (bindes om livet – maksimalt 50 cm afstand imellem dem).

"Parrene" spiller sammen og skal lægge bolden bag modstanderholdets baglinje for at score point. Bolden overgår til det andet hold ved scoring. Der må ikke tages skridt med bolden, udover et langt skridt måske for at lægge bolden bag baglinjen.

Der spilles, til der er scoret 15 point. Det vil sige, hvis spillet er meget lige, kan det ene hold eksempelvis vinde 8-7.

Alternativt spilles på forud aftalt tid – holdet med flest point vinder!

Springbold

Organisering:
2 hold med hver 4-6 spillere på begrænset bane (basketball- eller volleyballbane). Der skal bruges en bold.

Udførelse:
Bolden skal spilles rundt i egne rækker. Der skal hoppes, når man aflevere og der skal hoppes, når man griber bolden. Hver gang en aflevering båder både er afleveret og grebet af en hoppende spiller, scorer holdet 1 point. Med andre ord, begge spillere skal hoppe og må ikke røre gulvet, hverken ved kast eller når bolden gribes, for at pointet skal tælle.

Bolden må godt afleveres normalt rundt, men det giver ingen point.

Der må maksimalt tages 3 skridt med bolden.

Bolden overgår til det andet hold ved erobring eller ved fejl.

Der spilles til et hold har scoret 10 points i træk. Hvis bolden mistes, inden et hold har scoret 10 points, nulstilles points og holdet starter på 0 næste gang, de får bolden.

Alternativt spilles på forud aftalt tid – holdet med flest point vinder!

To baner

Organisering:
To hold med hver 4-6 spillere på en badminton- eller volleyballbane. Der skal bruges en bold.

Hvert hold deles i to hold. Halvdelen fra hvert hold skal være på hver sin banehalvdel – hvis volleyballbane, så i hvert servefelt, hvis badmintonbane deles på midten (hvor nettet ville have været hvis det var badminton).

Udførelse:
Det hold, der starter med bolden, skal spille bolden rundt i egne rækker 4 gange inden bolden skal afleveres til en medspiller på den modsatte bane, hvor holdet dér igen skal holde bolden kørende med 4 afleveringer, inden den returneres – og så videre.

Hvis en modstander rører bolden, eller griber den, byttes roller, og det er nu det andet hold, der skal aflevere 4 gange, inden den afleveres til holdet på modsatte bane.

Antal afleveringer nulstilles, når bolden overgår til det andet hold.

Hver gang der afleveres 4 gange i træk på begge banehalvdele, scorer holdet 1 point.

Der spilles på forud aftalt tid, eller til eet af holdene har nået et forud aftalt antal point. Holdet med flest point har vundet spillet.

Touch rugby

Organisering:
2 hold med hver 6-8 spillere på hel håndboldbane. Der skal bruges en almindelig bold eller 1 soft rugbybold.

Udførelse:
Spillet går ud på at få lagt bolden bag modstanderholdets baglinje, hvilket udløser et point.

Der spilles efter samme regler som i almindelig rugby, for så vidt at bolden ikke må kastes fremad, kun baglæns eller sidelæns. Til gengæld må bolden sparkes i alle retninger, også fremad. Bolden må ligeledes flyttes fremad, ved at en spiller løber med den.

Modsat almindelig rugby må spilleren med bold ikke tackles, men skal berøres. Når hun berøres, skal hun stoppe op og efter maksimalt 3 sekunder spille bolden til en medspiller – gør hun ikke det, skal det andet hold have bolden – husk at kastes den, skal det være baglæns, sparkes den må det godt være forlæns…

Der spilles på forud aftalt tid eller til et hold har et givent antal scoringer.

Zonebold

Organisering:
To hold med hver 5-8 spillere. Der skal bruges fire kegler og en bold.

Spillerne deles i to hold. Fire kegler opstilles i et kvadrat på cirka 5 x 5 meter. To spillere fra hvert hold placeres indenfor kvadratet, de øvrige placerer sig uden om.

Udførelse:

Spillerne i den yderste zone skal forsøge at aflevere til en medspiller i den inderste zone – og få bolden igen, uden at en spiller fra det andet hold har rørt den.

Bortset fra returafleveringen fra spilleren i den inderste zone til spilleren i den yderste, så må der ikke afleveres retur til den spiller, man får bolden fra. Der må ikke tages mere end 3 skridt med bolden. Bolden skifter, hvis boldholder berøres, inden hun når at aflevere bolden.

Holdene må frit skifte spillerne i inderste zone ud med en fra yderste zone. Gør holdene det ikke selv, så må trænere hjælpe til og diktere udskiftning med jævne mellemrum, så alle kommer i inderste zone.

Der spilles på forud aftalt tid eller til forud aftalt antal point. Holdet med flest point vinder.

Variation:

Spil til eksempelvis 5 eller 6 point, der *skal* scores i træk. Hvis bolden mistes, nulstilles antal point.

Småspil og lege uden bold

3 på stribe (kryds-og-bolle) – 1

Organisering:
2 hold med hver 3-5 spillere på en stor bane (for eksempel en håndbold-bane). Der skal bruges 9 kegler og 2 x 3 overtrækstrøjer i samme farve (eksempelvis 3 gule og 3 røde).

9 kegler opstilles i tre rækker med tre i hver (i et kvadrat) med god af-stand mellem keglerne. Se illustrationen.

Udførelse:
Alle spillere på de 2 hold står 15-20 meter væk fra de opstillede kegler. De står på række. Første spiller fra hvert hold skal nu spurte op til keg-lerne og lægge en af holdets overtrækstrøjer på en kegletop. Næste spil-ler på holdet sendes af sted ved at spillerne klapper hinanden i hånden. Er der ikke fundet en vinder, når alle tre overtrækstrøjer er anbragt, fortsættes øvelsen blot ved at der byttes rundt på overtrækstrøjerne, indtil det ene hold har "3 på stribe" og sidste spiller er nået retur til sit hold igen.

Det hold, der først får 3 på stribe, enten lodret, vandret eller diagonalt, har vundet dysten.

Variation:

Før en overtrækstrøje kan anbringes på en ny kegle, skal den bringes tilbage til den spiller, der skal anbringe den.

Eksempel:

Alle holdets tre overtrækstrøjer er anbragt på en kegletop, men holdet har endnu ikke "3 på stribe". Spiller 1 løber derefter op og henter en overtrækstrøje, Spiller 2 løber op og lægger den på en anden kegletop, Spiller 3 henter en trøje, Spiller 1 (eller 4) løber og placerer den igen og så videre, til der er fundet en vinder.

3 på stribe (kryds-og-bolle) – 2

Organisering:

3 hold med hver 3-4 spillere på en stor bane (for eksempel en håndbold-bane). Der skal bruges 12 kegler og 3 x 3 overtrækstrøjer i samme farve (eksempelvis 3 gule, 3 grønne og 3 røde).

12 kegler opstilles som på illustrationen med god afstand mellem keg-lerne.

Udførelse:
De står på række. Første spiller fra hvert hold skal nu spurte op til keglerne og lægge en af holdets overtrækstrøjer på en kegletop. Næste spiller på holdet sendes af sted ved at spillerne klapper hinanden i hånden. Er der ikke fundet en vinder, når alle tre overtrækstrøjer er anbragt, fortsættes øvelsen blot ved at der byttes rundt på overtrækstrøjerne, indtil det ene hold har "3 på stribe" og sidste spiller er nået retur til sit hold igen.

Før en overtrækstrøje kan anbringes på en ny kegle, skal den bringes tilbage til den spiller, der skal anbringe den.

Eksempel:
Alle holdets tre overtrækstrøjer er anbragt på en kegletop, men holdet har endnu ikke "3 på stribe". Spiller 1 løber derefter op og henter en overtrækstrøje, Spiller 2 løber op og lægger den på en anden kegletop, Spiller 3 henter en trøje, Spiller 1 (eller 4) løber og placerer den igen og så videre, til der er fundet en vinder.

Det hold, der først får 3 på stribe, enten lodret, vandret eller diagonalt, har vundet dysten.

Absorberingsløb

Organisering:
Et antal deltagere, der kan deles i 2 eller 4 lige store hold (optimalt 4-6 på hvert hold). Der skal bruges et kortspil – der skal kun bruges 4 kort: En hjerter, en ruder, en spar og en klør (værdi underordnet). Der leges på et halvgulv, i en gymnastiksal eller lignende.

Udførelse:

To hold:
Hvis der er to hold, skal der bruges kort med en sort og en rød værdi. Eksempelvis kan hold 1 være spar og hold 2 være hjerter.

Spillerne fra hvert hold stiller sig cirka 1-1½ meter på hver sin side af midterlinjen (den præcise afstand aftales på forhånd – brug eventuelt streger på gulvet, der passer sådan cirka).

Træneren trækker et kort. Hvis kortet er spar, skal spillerne fra "Spar-holdet" nå at fange så mange spillere fra "Hjerter-holdet" inden de når ned til baglinjen i den ende af hallen, hvor de står. Her er de fredet.

De spillere, der er fanget, overgår til Spar-holdet og spillerne liner op til en ny omgang. Nu med flere spillere på Sparholdet end på Hjerter-holdet.

Træneren trækker et nyt kort – enten spar eller hjerter – og "øvelsen gentager sig" som beskrevet.

Det gælder om at absorbere – eller udrydde – alle spillere på det andet hold.

Fire hold:
Hvis der er fire hold tildeles de Hjerte, Ruder, Spar og Klør.

Hvis der er fire hold, så stiller to hold sig på den ene side af midterlinjen og to på den anden. På den ene sider står de røde kulører: Hjerter- og Ruderholdet, på den anden de sorte: Spar- og Klørholdet. Træneren trækker et sort og et rødt kort. Hvis der trækkes en ruder og en spar, så skal Ruderholdet fange klørspillere og Sparholdet hjerterspillere som beskrevet ved *To hold*.

Med andre ord, Ruder og Klørholdene er hinandens modstandere og Spar og Hjerterholdene hinandens modstandere. Når holdene på et tidspunkt er reduceret til tre hold, så deles spillerne på det mindste af de tilbageværende hold ligeligt på de to største. Er der et ulige antal, får det største hold flest. Herefter lægger træneren de to værdier væk, som er blevet "absorberet" i de to andre grupper og øvelsen fortsætter som beskrevet ved *To hold* – nu med to meget store hold – til der kun er eet hold på banen…

Dansen går...

Organisering:
Et antal hold med hver 4 spillere. Antallet af hold er ikke afgørende, blot der er 4 spillere på hver.

Udførelse:
Tre spillere tager hinanden i hånden og danner en rundkreds. Den 4. spiller er fanger og står uden for rundkredsen. Spillerne i rundkredsen vælger en spiller, som fangeren skal berøre. De tre i rundkredsen skal nu forsøge at forhindre den fjerde spiller i at fange det udvalgte bytte ved at løbe – dreje – undvige m.m. De må ikke slippe hinandens hænder, det vil sige rundkredsen skal være intakt hele tiden.

Fangeren får et point, hver gang hun har fanget det udvalgte bytte, eller hvis kredsen går i stykker (spillerne giver slip i hinanden).

Legen udføres på forud aftalt tid, hvor spillerne skiftes til at være uden for kredsen i 1 minut af gangen (hver spiller skal helst have 2 perioder som fanger).

Den spiller, der totalt har flest points, når legen er slut, vinder (points opsummeres over de 2 runder, spilleren er fanger).

Hovedfanger

Organisering:
6-8 spillere på et område på cirka 20 x 20 meter; eventuelt en mindre bane (volleyballbane eller lignende).

Udførelse:
En spiller vælges til at være "fanger" og skal forsøge at fange en af de andre spillere ved at berøre hende på hovedet. Når det sker, skifter fangerrollen og den fangede bliver ny "fanger". Den gamle fanger bestemmer hvilken legemsdel, den nye fanger skal berøre den næste på for at fange hende (eksempelvis højre lår, venstre arm, ryggen, bagdelen).

Legen gennemføres på forud aftalt tid.

Huskespil

Organisering:
Der skal være et antal spillere, der kan deles i et lige antal hold med hver 2-4 deltagere. Der skal bruges et antal kortspil, svarende til halvdelen af antal hold. Der spilles på en badmintonbane.

Holdene deles, så de dyster mod hinanden "parvis". Hvert "par" skal bruge et sæt spillekort.

Man kan eventuelt dele et sæt kort i to, således at eksempelvis ruder/klør og hjerter/spar sorteres for sig (så man får to sæt af røde/sorte kort – 26 kort i hver sæt). Derved bliver spillet lettere (færre kort på "spillepladen") og man behøver måske ikke så mange sæt kort.

Udførelse:
I beskrivelsen dyster to hold mod hinanden. Der bruges halvdelen af kortene (ruder og klør). De starter bag den ene baglinje på badminton-banen. Kortene lægges på gulvet midt i servefeltet – ikke længere væk end at man tydeligt kan se, værdien på de kort, der vendes.

Spillerne skiftes til at løbe op og vende 2 kort. Er der to ens – for eksem-pel ruder konge og klør konge – er der et stik. Spilleren tager stikket med tilbage. Hvis der ikke er stik, vendes kortene igen med bagsiden opad og spilleren løber tomhændet tilbage.

Det gælder om at få flest stik inden tiden løber ud. Der spilles på aftalt tid, for eksempel 2-3 eller 4 minutter. Ikke længere af hensyn til kon-centrationen. Det er bedre at spille flere korte dyster end få lange.

Hånd i hånd stafet

Organisering:
Et antal hold med 5 deltagere. Antallet af hold er ikke afgørende, blot der er 5 spillere på hver. Der skal bruges en kegle pr. hold. Der løbes på en afmærket bane – i beskrivelsen på en håndboldbane.

Udførelse:
Holdene tager opstilling bag den ene mållinje. Der stilles en kegle på midterlinjen ud for hvert hold. Spiller 1 løber op og runder keglen og løber tilbage til sit hold, hvor hun tager Spiller 2 i hånden og sammen løber de atter op og runder keglen.

Herefter løber de retur, den ene tager Spiller 3 i hånden og alle tre løber op og runder keglen igen og så videre indtil alle spillere løber op og runder keglen sammen – hånd i hånd.

Derefter sætter de en spiller af ved mållinjen – begyndende med Spiller 1, så Spiller 2, så Spiller 3 og så videre, indtil sidste spiller løber turen alene. Når hun er i mål er holdet færdig.

Hurtigste hold i mål vinder dysten.

Intervalfangeleg – 1

Organisering:
Spillerne deles i hold med 3 eller 4 spillere. Der leges på et stort område, gerne en halv fodboldbane, en håndboldbane eller lignende. Alternativt et mindre område, hvis der ønskes en mere intens øvelse (flere start-stop-spurter og undvigemanøvrer).

Udførelse:
Hvis der er 3 spillere:
En spiller er fanger, en skal fanges og en holder pause.
  - Spiller 1 skal fange Spiller 2, mens Spiller 3 holder pause
  - Spiller 2 skal fange Spiller 3, mens Spiller 1 holder pause
  - Spiller 3 skal fange Spiller 1, mens Spiller 2 holder pause
og forfra…

Hvis der er 4 spillere:
En spiller er fanger, to skal fanges og en holder pause.
  - Spiller 1 skal fange Spiller 2 og Spiller 3, mens Spiller 4 holder pause
  - Spiller 2 skal fange Spiller 3 og Spiller 4, mens Spiller 1 holder pause
  - Spiller 3 skal fange Spiller 1 og Spiller 4, mens Spiller 2 holder pause
  - Spiller 4 skal fange Spiller 1 og Spiller 2, mens Spiller 3 holder pause
og forfra…

Legen gennemføres på forud aftalt tid.

Intervalfangeleg – 2

Organisering:
Spillerne deles i hold med 4 spillere. Der leges på et stort område, gerne en halv fodboldbane, en håndboldbane eller lignende. Alternativt et mindre område, hvis der ønskes en mere intens øvelse (flere start-stop-spurter og undvigemanøvrer).

Udførelse:
To spillere er fangere, en skal fanges og en holder pause. De to fangere skal hele tiden holde hinanden i hånden
   - Spiller 1 og Spiller 2 skal fange Spiller 3, mens Spiller 4 holder pause
   - Spiller 2 og Spiller 3 skal fange Spiller 4, mens Spiller 1 holder pause
   - Spiller 3 og Spiller 4 skal fange Spiller 1, mens Spiller 2 holder pause
   - Spiller 1 og Spiller 4 skal fange Spiller 2, mens Spiller 3 holder pause
og forfra…

Legen gennemføres på forud aftalt tid.

Intervalfangeleg – 3

Organisering:
Spillerne deles i hold med 4 spillere. Der leges på et stort område, gerne en halv fodboldbane, en håndboldbane eller lignende. Alternativt et mindre område, hvis der ønskes en mere intens øvelse (flere start-stop-spurter og undvigemanøvrer).

Udførelse:
En spiller er fanger, to skal fanges, mens den fjerde holder pause. De to spillere, der skal fanges, skal hele tiden holde hinanden i hånden

- Spiller 1 skal fange Spiller 2 og Spiller 3, mens Spiller 4 holder pause
- Spiller 2 skal fange Spiller 3 og Spiller 4, mens Spiller 1 holder pause
- Spiller 3 skal fange Spiller 1 og Spiller 4, mens Spiller 2 holder pause
- Spiller 4 skal fange Spiller 1 og Spiller 2, mens Spiller 3 holder pause

og forfra…

Legen gennemføres på forud aftalt tid.

Kat efter mus – 1

Organisering:
10-15 spillere.

Udførelse:
Der vælges en Kat og en Mus.
Alle andre spillere lægger sig på maven i en stor rundkreds med front mod kredsens midte. Der skal være tilpas mellemrum mellem spillerne til, at Katten og Musen kan hoppe/løbe over de liggende spillere. Katten skal fange Musen, mens de hopper/løber over de liggende spillere. Når Musen finder det passende, taktisk eller fysisk, må hun lægge sig ned ved siden af en af de liggende spillere, der så med det samme bliver den nye Mus.

Hvis Katten fanger Musen, bliver Musen ny Kat og den, Katten lægger sig ved siden af, bliver ny Mus.

Legen gennemføres på forud aftalt tid.

Kat efter mus – 2

Organisering:
Et antal hold med hver 4 spillere. Antallet af hold er ikke afgørende, blot der er 4 spillere på hver.

Udførelse:
Der vælges en Kat og en Mus.
De sidste to spillere tager hinanden i hånden og er Plankeværk – de må ikke give slip i hinandens hænder undervejs i legen.

Katten skal fange Musen, Plankeværket skal hjælpe Musen ved hele tiden at forsøge at placere sig mellem Mus og Kat. Katten må ikke mase sig gennem Plankeværket, men skal forsøge at løbe rundt om det.

Hver spiller skal være Kat mod de 3 andre og Mus mod de 3 andre (alle mod alle) – eksempelvis:

- Spiller 1 er Kat, Spiller 2 er Mus og Spiller 3 og 4 er plankeværk
- Spiller 3 er Kat, Spiller 4 er Mus og Spiller 1 og 2 er plankeværk
- Spiller 2 er Kat, Spiller 1 er Mus og Spiller 3 og 4 er plankeværk
- Spiller 4 er Kat, Spiller 3 er Mus og Spiller 1 og 2 er plankeværk
- Spiller 1 er Kat, Spiller 3 er Mus og Spiller 2 og 4 er plankeværk
- Spiller 2 er Kat, Spiller 4 er Mus og Spiller 1 og 3 er plankeværk
- Spiller 3 er Kat, Spiller 1 er Mus og Spiller 2 og 4 er plankeværk
- Spiller 4 er Kat, Spiller 2 er Mus og Spiller 1 og 3 er plankeværk
- Spiller 1 er Kat, Spiller 4 er Mus og Spiller 2 og 3 er plankeværk
- Spiller 2 er Kat, Spiller 3 er Mus og Spiller 1 og 4 er plankeværk
- Spiller 4 er Kat, Spiller 1 er Mus og Spiller 2 og 3 er plankeværk
- Spiller 3 er Kat, Spiller 2 er Mus og Spiller 1 og 4 er plankeværk

Keglebytte

Organisering:
10-12 spillere, der tager opstilling i en stor rundkreds. Der skal bruges et antal kegler svarende til antal spillere minus en.

Udførelse:
Der vælges en spiller, der starter i midten. Keglerne opstilles i en stor rundkreds og de øvrige spillere tager opstilling bag hver sin kegle.

Spillerne ved keglerne skal nu forsøge at bytte plads, uden at spilleren i midten får held til at "stjæle" en tom kegle. Sker det, bliver den nye spiller uden kegle ny spiller i midten. Andre må selvfølgelig godt drille de spillere, der bytter kegler, ved at løbe hen til en af de kegler, de forlader (med risiko for at spilleren i midten er hurtigst).

Varier legen undervejs:
- på trænerens fløjt skal alle skifte kegle
- der må ikke byttes med sidemanden, men der skal "springes en kegle over"

Kædefanger

Organisering:
10-16 deltagere på et rimeligt stort område – eksempelvis en håndboldbane, målfeltet på en fodboldbane eller bare en græsplæne.

Udførelse:
Der vælges en spiller, der starter som fanger. Efterhånden som de andre fanges, tager de hinanden i hånden og skal fange endnu en, indtil alle er fanget. Eksempelvis fanger Spiller 1 Spiller 2, herefter fanger Spiller 1+2 Spiller 3. Herefter skal Spiller 1+2+3 forsøge at fange den næste og så videre.

Legen fortsætter, til alle er fanget. Hvis den gentages, starter den første spiller, der blev fanget, som fanger i den nye omgang.

Variation:
Hvis der ønskes en hurtigere afvikling, eller der er mange spillere, kan man opdele spillerne i hold à 4 og lade dem afvikle legen 3-4 gange i stedet.

Maseleg – 1

Organisering:
2 hold med hver 6- 8 spillere på begrænset bane, eksempelvis basket-ball- eller badmintonbane.

Udførelse:
Øvelsen går i al sin enkelthed ud på at skubbe det andet holds spillere ud over banens sidelinje. En spiller er ude, når begge hendes fødder er uden for banen. Armene må ikke bruges, men skal holdes enten over kors eller ned langs siden; der må kun mases med kroppen.

Når et hold ikke har flere spillere på banen, har det tabt dysten.

Maseleg – 2

Organisering:
2 hold med hver 5-6 spillere på begrænset bane, eksempelvis basket-ball- eller badmintonbane.

Udførelse:
Spillerne på hvert hold tager opstilling på en række, skulder ved skul-der, med et fast tag i sidemanden (eksempelvis armkrog). Øvelsen går i al sin enkelthed ud på, at det ene hold skal skubbe det andet hold ud af banen. Et hold er ude, når den sidste spiller er skubbet ud af banen

med begge fødder, eller hvis holdet ikke kan stå for det andet holds pres, så "kæden" brydes, og holdet går i opløsning.

Maseleg – 3

Organisering:
2 hold med hver 7 spillere på begrænset bane, eksempelvis basketball- eller badmintonbane.

Udførelse:
Der vælges en konge på hvert hold. Legen går nu ud på, at holdene skal mase sig frem til det andet holds konge og skubbe hende ud over side-linjen. De øvrige på holdet skal beskytte deres egen konge så lang tid som muligt, samtidig med at de skal forsøge at skubbe det andet holds konge ud af banen. Armene må ikke bruges, men skal holdes enten over kors eller ned langs siden; der må kun mases med kroppen.

Hvis en spiller – der ikke er konge - skubbes ud over sidelinjen, skal hun langsomt tælle til 60 før hun må returnere på banen: Vær opmærk-som på selvjustits, således at spilleren ikke med det samme bare går på banen igen!

Vinder er det hold, der først får det andet holds konge skubbet ud over sidelinjen.

Variation
Når dysten starter, skal holdene ikke vide, hvem kongen på det andet hold er – det skal de selv finde ud af.

Parfanger

Organisering:
14 deltagere, fordelt på 6 par og 2 fangere på volleyball- eller basketballbane. Som udgangspunkt kan antallet af spillere variere frit, blot antallet er deleligt med 2; der bør altid være 2 fangere.

Udførelse:
Parrene stiller sig, så den ene spiller har fat på den anden spillers hofter bagfra. Begge med front samme vej. Det gælder nu om for fangerne at få fat med begge hænder på hofterne af den bagerste spiller i et af parrene. Sker det, slipper den bagerste spiller i parret sit tag i den forreste, der nu bliver ny fanger. Eksempel: Spiller 2 er i par med Spiller 1 og holder fast i hendes hofter; Spiller 3 er fanger og tager fat i Spiller 2's hofter, hvorefter Spiller 1 bliver ny fanger.

Afhængig af deltagerantal kan banen begrænses.

Legen afvikles på forud aftalt tid.

Partagfat – 1

Organisering:
12-14 deltagere, fordelt på 6 eller 7 par på enten en halv håndboldbane, en volleyball- eller basketballbane.

Udførelse:
De enkelte par skal holde hinanden i hånden under hele legen. Et par vælges til at starte som fangerpar; parret udstyres med en overtrækstrøje hver, så de kan skelnes fra de øvrige par.

Fangerparret skal ved berøring fange de andre par, der udgår af legen efterhånden som de fanges – det vil sige helt udgår de ikke; de bliver stående, hvor de blev fanget og skal agere levende forhindringer for de resterende.

Første par, der fanges, starter næste runde som fangerpar.

Hvis fangerparret slipper taget i hinanden, bliver alle allerede fangne par frie igen – hvis et af de øvrige par slipper, er de at betragte som værende fanget og skal blive stående "på gerningsstedet", jævnfør ovenfor om at agere forhindring.

Legen afvikles på forud aftalt tid.

Partagfat – 2

Organisering:
12 deltagere, fordelt på 6 par på enten en halv håndboldbane, en volleyball- eller basketballbane.

Udførelse:
De enkelte par skal holde hinanden i hånden under hele legen. Et par vælges til at starte som fangerpar; parret udstyres med en overtrækstrøje hver, så de kan skelnes fra de øvrige par.

Fangerparret skal ved berøring fange et andet par, der straks overtager rollen som fangerpar.

Legen afvikles på forud aftalt tid.

Prik den frie!

Organisering:
9-17 deltagere på et afgrænset område (størrelse afhænger af antal spillere). En eller to spillere vælges som fangere(n) – der skal være et ulige antal tilbage.

Udførelse:
De spillere, der ikke er fanger(e), stiller sig sammen parvis, skulder ved skulder, fordelt over den aftalte bane. Den spiller, der er i overskud, kan fanges af fangeren. Hvis hun løber hen og stiller sig skulder ved skulder ved en af de spillere, der står i et par, så bliver den yderste spiller fri og er nu hende, der kan fanges.

Eksempelvis, hvis hun stiller sig til venstre for en spiller, så er hun + spilleren i midten "helle" og kan ikke fanges, mens hende, der stod til højre for den spiller, der nu står i midten, er hende der kan fanges.

Legen gennemføres på forud aftalt tid.

Rør spilleren

Organisering:
6-8 deltagere på et begrænset område, eksempelvis 3M-feltet på en håndboldbane, en volleyballbane eller lignende.

Udførelse:
En spiller vælges til at være den første fanger. Hun skal herefter fortælle, hvem af de andre spillere, som hun ønsker at fange. De andre spillere skal forsøge at forhindre det ved at løbe i vejen for fangeren eller danne en mur (de må ikke holde i hinanden), som hun skal løbe uden om og så videre. Alt er tilladt, så længe der ikke holdes eller på anden måde bruges arme. Kun blokering med kroppen er tilladt.

Fangeren har 1 minut til at fange den udvalgte, herefter vælges en ny fanger, der vælger mål og så videre. Lykkes det en fanger at fange målet, bliver målet automatisk den nye fanger.

Øvelsen gennemføres 2 minutter gange antallet af spillere. Er der 6 spillere, gennemføres øvelsen i 12 minutter.

Sten, saks, papir

Organisering:
Spillerne er sammen i par, fordelt langs en håndboldbanes midterlinje (stående med front mod hinanden på hver sin side af linjen). Hver spiller skal bruge en kegle.

Inden der startes, sætter spillerne deres kegle 1½-2 meter bag sig (målt fra midterlinjen).

Udførelse:
Spillerne stiller sig overfor hinanden ved midterlinjen. Parrene skal nu hugge "Sten, saks, papir"*). Vinderen, bedst af 3, skal straks spurte mod egen baglinje – taberen skal tilbage og berører egen kegle og derefter forsøge at fange vinderen, inden hun når i mål på baglinjen.

Hvis vinderen af "Sten, saks, papir" dysten når ned bag egen baglinje først, vinder hun pointet, mens taberen vinder omgangen, hvis hun når at berøre hende inden.

Der spilles 10 gange "Sten, saks, papir" og vinderen er spilleren med flest points.

*) "Sten, saks, papir"
Hver spiller ryster sin knyttede hånd som om den indeholdt usynlige terninger. Der tælles 1-2-3 og på 3 gør spilleren noget med sin hånd:
-   hvis hun fastholder den knyttet, vælger hun Sten

- hvis hun laver en flad hånd, vælger hun Papir
- hvis hun peger med pegefinger og langfinger lige ud (laver en saks), vælger hun Saks

Sten slår Saks (ødelægger den)
Saks slår Papir (klipper i papiret)
Papir slår Sten (pakker stenen ind).

Småspil og lege mest for børn – men voksne må også godt lege med

Borgbold

Organisering:
Deltagerne deles i 3-5 hold med 3-4 spillere på hvert hold. Hvert hold skal have 1 hulahopring, der bruges som base. Der skal bruges så mange bolde som muligt, gerne af forskellig beskaffenhed (volleybold, fodbold, håndbold, plasticbolde, tennisbold og lignende). Der spilles på en håndboldbane.

Udførelse:
Alle bolde lægges på midten af banen. Holdene fordeles rundt omkring i hallen, hvor deres hulahopring lægges på gulvet. Hulahopringen er deres base, og det er her, de skal hente så mange bolde som muligt hen, når spillet starter.

Når startsignalet lyder, så har de 5 minutter til at hente så mange bolde som muligt hjem i basen. Spillerne må kun hente én bold hjem til basen ad gangen – bolden skal bæres tilbage, ikke kastes, trilles eller lignende. Når der ikke er flere bolde tilbage på midten, må der stjæles bolde fra de andre holds baser.

Det er tilladt at holde hinanden, men ikke at slås om boldene! Når først en spiller har en bold i hænderne, må den ikke tages fra hende, men må senere stjæles fra hendes base. Med andre ord, kun bolde på gulvet er frie og må tages med til egen base.

Det hold, der har flest bold i egen base efter 5 minutter, vinder spillet.

Chip og Chap

Organisering:
Deltagerne er sammen i par.

Udførelse:
Hvert par tager opstilling langs midterlinjen på en håndboldbane, ryg mod ryg. Alle, som kigger den ene vej, er Chip, alle, som kigger den anden vej, er Chap.

Træneren råber nu henholdsvis Chip eller Chap (helt vilkårligt – ikke nødvendigvis skiftevis). Råbes der "Chip" skal alle Chipperne hurtigst muligt løbe til bagvæggen, mens Chapperne skal forsøge at fange dem (den Chip, som Chap er makker med).

Legen kan varieres ved at lade Chip og Chap starte
   - liggende på maven fødder mod fødder
   - liggende på ryggen fødder mod fødder
og så videre

Legen gennemføres på forud aftalt tid.

Den varme kartoffel

Organisering:
Alle deltagere - maksimalt 10 – står spredt på begrænset område, eventuelt i en cirkel. Der skal bruges en bold.

Udførelse:
Bolden afleveres rundt mellem deltagerne – men bolden er en varm kartoffel. Den skal derfor afleveres videre så hurtigt som muligt, inden man brænder sig på den.

Legen gennemføres på tid.

Frugtsalat

Organisering:
10-12 deltagere. Et antal kegler svarende til en mindre end antal deltagere.

Udførelse:
Alle deltagere på nær én står i en rundkreds med cirka ½ meters afstand imellem sig og en kegle foran sig. Den sidste spiller står i rundkredsens midte.

Deltagerne får et frugtnavn – æble, pære eller banan.

Deltageren i midten nævner nu en frugt og alle deltagere med det frugtnavn, skal bytte plads. Hvis deltageren i midten siger "frugtsalat", skal alle deltagere bytte plads (der må ikke byttes med sidemanden).

Deltageren i midten skal forsøge at erobre en plads i rundkredsen, når deltagerne – enten med samme frugtnavn eller ved frugtsalat – bytter plads.

Legen gennemføres på forud aftalt tid

Frys!

Organisering:
Legen afvikles på minihåndboldbane (alternativ volleyballbane) – deltagerne fordeler sig på den ene baglinje, træneren står på den modsatte baglinje med ryggen til deltagerne.

Udførelse:
Når træneren giver signal (brug eventuelt en fløjte), skal deltagerne løbe frem mod træneren. På et tidspunkt vender træneren sig om og råber "Frys!" – og så skal deltagerne stå helt stille. Hvis de bevæger sig,

skal de gå tilbage til baglinjen og starte forfra. Den (eller de) deltagere, der først når op til træneren, har vundet.

Gåfanger

Organisering:
Et antal deltagere op til maksimalt 12, fordelt på begrænset bane – volleyballbane, badmintonbane, målfelt eller lignende – afhængig af antal. Det er vigtigt at banen ikke bliver for stor, da det gør det for svært for fangeren at fange de andre deltagere.

Udførelse:
En spiller vælges til fanger og skal fange de andre deltagere. Efterhånden som en spiller bliver fanget, skal hun sætte sig ned.

Deltagerne må kun gå rundt – løb er forbudt. Hvis en spiller løber, overtager hun automatisk fangerrollen, og alle fangne bliver frie – legen starter forfra. Hvis fangeren løber, bliver alle fangne ligeledes frie, og hun starter forfra med at fange dem.

Den først fangne deltager er ny fanger, når alle er fanget, og legen starter forfra.

Alternativt kan man lade de fangne deltagere være fangere, når de er fanget, således at der gradvist bliver flere og flere fangere i takt med, at der bliver færre og færre frie deltagere.

Legen gennemføres på forud aftalt tid.

Halefanger – 1

Organisering:
Et antal deltagere op til maksimalt 12, fordelt på begrænset bane – volleyballbane, badmintonbane, målfelt eller lignende – afhængig af antal. Et antal overtrækstrøjer, svarende til antallet af deltagere.

Udførelse:
Hver spiller sætter en overtrækstrøje fast i bukselinningen. Når der er givet startsignal, gælder det om at samle så mange "haler" (overtrækstrøjer) som muligt sammen. Bortset fra at tage "halen", må der i øvrigt ikke være kontakt mellem deltagerne (ingen skub eller lignende).

Legen gennemføres et passende antal gange.

Halefanger – 2

Organisering:
Et antal deltagere op til maksimalt 12, fordelt på begrænset bane – volleyballbane, badmintonbane, målfelt eller lignende – afhængig af antal. Et antal overtrækstrøjer, én mindre end antallet af deltagere.

Udførelse:
Hver spiller sætter en overtrækstrøje fast i bukselinningen. En spiller vælges til fanger; hun skal ikke have nogen "hale" (overtrækstrøje). Fangeren skal på 1 minut – med lovlige midler - forsøge at samle så mange af de andres haler sammen som muligt. Har hun samlet alle haler på under 1 minut, skifter fangerrollen selvfølgelig hurtigere.

Hver spiller skal gennemføre legen som fanger; det vil sige er der 10 deltagere, tager legen 10 minutter.

Hulahophelle

Organisering:
6-8 deltagere på en halv håndboldbane eller anden passende bane. Der skal bruges et antal hulahopringe, svarende til to mindre end antallet af deltagere.

Udførelse:
En deltager vælges til fanger og skal fange alle de andre deltagere. De deltagere, der skal fanges, har helle, når de stiller sig i en hulahopring. Der må kun være en spiller i hver hulahopring, og deltageren må kun stå i ringen 3 sekunder ad gangen. Fangeren må ikke stille sig op og vente ved hulahopringen i de 3 sekunder, men skal gå videre – med mindre det er den sidste spiller, hun mangler at fange…

Efterhånden som fangeren fanger deltagerne, stiller de fangne sig ind i en ledig hulahopring. Det betyder at antallet af ringe, hvor de tilbage-værende frie deltagere kan søge helle, holdes konstant i forhold til antal frie deltagere.

Den først fangne spiller starter som fanger, når legen gentages.

Legen gennemføres på forud aftalt tid.

Jorden, Månen, Solen, Stjernen

Organisering:
Et antal deltagere med hver sin bold.

Udførelse:
Deltagerne dribler rundt i hallen. Når træneren råber

Jorden!

- skal alle deltagerne lægge sig ned på maven og rejse sig igen, mens de dribler

Månen!
- skal alle deltagerne lægge sig ned på ryggen og rejse sig igen, mens de dribler

Solen!
- skal alle deltagerne løbe til det nærmeste mål og stille sig i målfeltet, stadig driblende

Stjernen!
- skal alle deltagerne samles i midtercirklen, mens de dribler

Legen gennemføres på forud aftalt tid.

Kegleskud

Organisering:
Deltagerne skal arbejde sammen parvis. Hvert par skal bruge en bold og en kegle.

Deltagerne stiller sig på hver sin sidelinje på en minihåndboldbane; en spiller fra hvert par på hver sin sidelinje overfor hinanden. Keglen stilles lige midt imellem dem.

Udførelse:
Legen går i al sin enkelthed ud på at ramme keglen så mange gange som muligt på tid (1 eller 2 minutter). Deltagerne i de respektive par skiftes til at kaste bolden mod keglen. Hvis keglen rammes, får holdet 1 point. Parret/parrene med flest point, når tiden er gået, vinder legen.

Den spiller, der kaster og rammer keglen, rejser den selv op igen, mens den anden gør klar til at forsøge sig (eventuelt henter bolden, hvis den er trillet lidt væk).

Er det for svært at kaste, kan legen gøres lettere ved at lade deltagerne trille bolden, eller ved at mindske afstanden til keglen.

Klemme-haleleg

Organisering:
10-16 deltagere på begrænset bane (halv håndboldbane, volleybane eller lignende, afhængigt af antal deltagere). Hver spiller skal bruge en klemme og en overtrækstrøje.

Udførelse:
Alle deltagere skal have en overtrækstrøje, som sættes fast i buksekanten bagpå. De skal ligeledes have en klemme, som sættes fast i det ene ærme. Når træneren giver signal, skal deltagerne forsøge at stjæle så mange haler og klemmer som muligt, En stjålen hale skal sættes bagpå lige som den hale, man startede med at have – og en stjålen klemme sættes ligeledes fast i ærmet.

Man skal have lige mange haler og klemmer – det vil sige har man stjålet en hale, skal man næste gang forsøge at stjæle en klemme – og omvendt.

Legen gennemføres på forud aftalt tid. Hvem kan få fat i flest hale-klemme-par i løbet af den fastsatte tid?

Linjefanger

Organisering:
8-12 deltagere på et begrænset område af hallen. Hvis der ikke bruges en fast bane – volleyballbane, badmintonbane, halv håndboldbane eller lignende – kan området markeres med kegler.

Udførelse:

To deltagere vælges til fangere. De skal fange de andre deltagere, der går ud efterhånden, som de fanges. Alle – både fangere og frie deltagere – må kun bevæge sig på stregerne på halvgulvet.

Hvis fangerne træder ved siden af, bliver alle de fangne deltagere frie, og der startes forfra med at fange dem. Hvis en fri spiller træder ved siden af, bliver hun fanger og en af de oprindelige fangere bliver til en fri spiller.

De to deltagere, der fanges først, starter næste omgang som fangere.

Legen gennemføres på forud aftalt tid.

Partihalefanger

Organisering:

8-16 deltagere på begrænset bane (halv håndboldbane, volleybane eller lignende, afhængigt af antal deltagere). Der skal bruges et antal overtrækstrøjer i 2 farver, svarende til halvdelen af antal deltagere (i hver farve). Deltagerne deles i 2 hold, der hver har deres halefarve.

Udførelse:

Alle deltagere skal have en overtrækstrøje, som sættes fast i buksekanten bagpå. Når træneren giver signal, skal deltagerne forsøge at stjæle så mange haler som muligt – fra det andet hold. En stjålen hale skal sættes bagpå lige som den hale, man startede med at have.

Legen gennemføres på forud aftalt tid. Hvem kan få fat i flest haler fra det andet hold i løbet af den fastsatte tid?

Piratkaptajnen

Organisering:
8-16 deltagere. En spiller vælges som Piratkaptajn og placerer sig midt på banen med front mod sørøverne, der er fordelt langs den ene sidelinje (= resten af deltagerne).

Udførelse:
Piratkaptajnen bestemmer, hvad sørøverne skal foretage sig. Hvis hun råber

- "Alle mand til styrbord", skal alle sørøvere løbe mod højre
- "Alle mand til bagbord", skal alle sørøvere løbe mod venstre
- "Alle mand til stævnen", skal alle sørøvere løbe fremad
- "Alle mand agterud", skal alle sørøvere løbe bagud
- "Alle mand i masten", skal sørøverne finde samme i par, hvorefter først den ene, dernæst den anden agerer mast og makkeren kravler op på ryggen
- "Alle mand i redningsbådene", skal sørøverne finde samme i par, sætte sig ned på gulvet – bagerste spiller har benene om den forreste – og lade som om de ror
- "Alle mand skurer dæk", skal alle sørøverne ned på alle fire og lade som om de skurer dæk
- "Alle mand sætter sejl", skal alle sørøverne løfte armene over hovedet og lade som om de hiver i et reb
- "Alle mand til våben", skal alle sørøverne løbe fremad, mens de lader som om de fægter
- "Alle mand til kanonerne", skal sørøverne lave kolbøtter eller rullefald fremad, som om de er kanonkugler, der ruller

Legen gennemføres på forud aftalt tid. Der skal jævnligt skiftes kaptajn – det betyder, at hver kaptajn ikke behøver at give alle kommandoer, men kun 3-6 stykker, inden der skiftes.

Politifanger

Organisering:
12-14 deltagere og 4 måtter. De 4 måtter fordeles på halvgulvet – der benyttes en halv håndboldbane. Måtterne er fængsler, hvor fangerne anbringer de deltagere, de har fanget.

Udførelse:
Fire deltagere er politibetjente (fangere); resten er røvere, der skal tilbage i fængslet. Politibetjentene skal fange røverne og sætte dem i fængsel. Når en politibetjent fanger en røver, følger hun hende til den nærmeste måtte og sætter hende i fængsel.

Når alle røverne er fængslet, er legen slut. De andre røvere kan befri en røver fra fængslet, hvis en af dem løber hen til fængslet og laver 4 armstræk med hænderne på måtten. Når hun det, inden der kommer en politimand og fanger hende, er alle i fængslet frie.

Når alle røvere er fanget, vælges der 4 nye politibetjente og legen gentages.

Robotfanger

Organisering:
10-12 deltagere på en halv håndboldbane.

Udførelse:
Tre deltagere er fangere og skal fange de andre deltagere. Når en spiller er fanget, skal hun lave den øvelse, hun får besked på af fangeren, enten indtil alle er fanget, eller indtil hun bliver befriet.

Fangerne kan vælge mellem
- Sprællemand
- Armstræk

- Maverulninger

Hvis en anden deltager kommer hen ved siden af en fangen spiller, der udfører sin tildelte øvelse, og laver den samme øvelse 5 gange, er deltageren fri.

Når alle er fanget vælges 3 nye fangere og legen gentages.

Rundt i rundkreds

Organisering:
Et antal deltagere, minimum 5, og et antal bolde.

Deltagerne fordeler sig i rundkredse med 5-7 deltagere i hver. Rundkredsene skal have en diameter på 3-4 meter, afhængigt af niveau. Hver rundkreds skal have en bold.

Udførelse:
Deltagerne skal aflevere bolden rundt i rundkredsen efter en forud aftalt rækkefølge. Det betyder, at den enkelte spiller hele tiden modtager bolden fra den samme spiller i rundkredsen og afleverer videre til den samme.

Til en begyndelse, indtil deltagerne får en fornemmelse af, hvad det går ud på, kan man lade dem aflevere bolden rundt med uret – det vil sige der afleveres til deltageren til venstre og bolden modtages fra deltageren til højre for den enkelte spiller.

Senere kan man aftale et afleveringsforløb "på kryds og tværs" af rundkredsen.

Indsæt eventuelt flere bolde, hvis legen skal gøres sværere, eller små opgaver, der skal udføres, når bolden er afleveret videre, eksempelvis

- hop højt med samlede ben en gang
- rør gulvet med højre eller venstre hånd
- lav et sprællemandshop
- slå en kolbøtte
- og så videre (find selv på flere)

Når deltagerne er rigtigt fortrolige med rækkefølgen, kan man lade dem bevæge sig – enten løbe rundt i rundkredsen eller vilkårligt imellem hinanden. Blot skal afleveringsrækkefølgen hele tiden holdes.

Afleveringslegen gennemføres på forud aftalt tid.

Ræven og hønemor

Organisering:
Deltagerne er sammen i par. Hvert par skal bruge en hulahopring.

Udførelse:
Parrene fordeler sig på et passende område. Den ene spiller er hønemor og stiller sig midt i hulahopringen. Den anden er ræv og skal forsøge at trække eller skubbe hønemor af reden, så hun kan komme til at æde hendes æg.

I praksis fungerer det sådan, at deltageren uden for hulahopringen ved at trække eller skubbe deltageren inde i ringen, skal forsøge at få hende til at sætte en fod uden for hulahopringen. Sker det, byttes rolle. Ellers skiftes efter cirka 1 minut.

Hver spiller skal være ræv respektive hønemor et passende antal gange.

Ræven, anden og ællingerne

Organisering:
Deltagerne er sammen i hold med 4 eller 5 deltagere på hver.

Udførelse:
Holdene fordeler sig på et passende område. En er ræv, en er andemor, og resten er ællinger. Andemor står med sine ællinger i en række bag sig. Ællingerne holder fast om livet på deltageren foran sig. Ræven står foran andemor og skal forsøge at komme forbi hende og fange den sidste ælling i rækken ved at "daske hende i bagdelen". Andemor forsvarer sine ællinger ved at flytte sig fra side til side og bruge sine arme. Ællingerne skal hele tiden holde fast i hinanden og andemor og følge hendes undvigebevægelser.

Der byttes roller, hvis ræven fanger en ælling – eller cirka hvert halve minut. Andemor bliver ræv, ræven bliver sidste ælling og ællingerne rykker op i rækken, så første ælling bliver andemor.

Legen gennemføres til alle har været andemor respektive ræv.

Sidste togvogn

Organisering:
8-16 deltagere.

Udførelse:
Seks deltagere danner to tog med hver tre deltagere; de står på række med hoftefatning. De øvrige deltagere skal forsøge at hæfte sig bag på et tog ved at tage fat på den bagerste spillers hofter. Lykkes det, bliver den første vogn koblet af (deltageren bliver fri) og skal forsøge at koble sig på et tog igen.

Legen gennemføres på forud aftalt tid.

Stolebold

Organisering:
Deltagerne deles i 2 hold. Der skal bruges en bold og 2 stole eller skamler. Der spilles på begrænset bane.

Hvert hold vælger en spiller, der skal være "mål" og stå på stolen/skamlen. "Målene" er placeret i hver sin ende af spillepladsen.

Udførelse:
De to hold spiller mod hinanden. Der scores ved at aflevere bolden til holdets spiller på stolen/skamlen (holdets "mål"). Griber hun bolden, får holdet 1 point. Efter scoring får det andet hold bolden.

Deltagerne må ikke røre hinanden i forsøget på at erobre bolden. Deltageren med bold må ikke tage mere end 3 skridt med bolden. Ingen spiller, hverken med- eller modspiller, må komme tættere på et "mål" end cirka 1 meter (find eventuel brugbar opstregning på halgulvet – cirkel fra straffemarkering i basket eller lignende).

Der spilles 5 minutter. Holdet med flest point vinder dysten.

Legen kan varieres, ved at lade de to "mål" være neutrale; det vil sige der kan scores i begge ender af banen.

Ståtrold

Organisering:
10-12 deltagere på halv håndboldbane eller mindre område (volleyballbane eller lignende).

Udførelse:
En spiller vælges til at være Ridder; Ridderen skal fange de andre deltagere. Legen starter ved at Ridderen lægger sig på alle fire, mens de

andre tæller "Stå-1, Stå-2, Stå-3…" og så videre op til antallet af frie del-tagere, mens de let banker hende på ryggen. Når de har nævnt sidste "Stå", må Ridderne rejse sig og fange de andre, der er trolde.

Når Ridderen fanger en af de andre, råber hun "Ståtrold", og den fangne trold skal stille sig i bredstående stilling (og blive stående!). De andre trolde kan befri hende ved at kravle mellem hendes ben.

Når Ridderen har fanget alle troldene, vælges en ny Ridder, og legen starter forfra.

Hvis det er for svært for ridderen at fange alle troldene, så kan man alternativt indsætte to riddere.

Legen gennemføres på forud aftalt tid.

Æsel

Organisering:
10-12 deltagere og et antal kegler.

Udførelse:
Alle deltagerne tager hinanden i hånden og danner en rundkreds. I rundkredsens midte stilles et antal kegler tæt sammen.

Deltagerne skal nu trække og hive i hinanden – uden at slippe taget i sidemandens hånd – og forsøge at få de andre deltagere ind og røre ved en kegle.

Første gang man rører en kegle får man et Æ, anden gang et S, tredje gang et E og sidste gang et L. Og så har man tabt legen, for så er man ÆSEL!

Legen gennemføres til en eller to deltagere er blevet æsel.